# 備中三須村下林の籠屋

角田　方衛

# 備中三須村下林の籠屋・目次

# はじめに

戦国時代、名も無い地侍の頭領だったぼくの先祖は、普段足守（岡山市北区足守）周辺で農業を営んでいた。岡山駅から足守駅まで、直線距離だと、西北西に10キロ少々である。足守に近い備中高松城の秀吉による水攻めの時、先祖は一族の命運を賭けて敵方の秀吉軍に加担し、数百の蛇籠（土のう）を供出した。

戦略家秀吉は、先祖に褒美として苗字角田（すみだ）、帯刀、五・七の桐の家紋を許した。本家は蛇籠に因んで、籠屋を名乗った。

角田一族は豊臣家滅亡後、仇討ちに備えて戦国時代末期から不毛の地三須村下林の山間に逃れ、頂きに本家の一軒家と、それを守るために本家から数キロ離れて、数か所の要所に分家の小さな集落を配置し住み続けた。江戸時代、分家は苗字を使わず、屋号と名前を使って、本家との行き来を極力避けた。本家は足守駅から南西に5キロである。

21世紀になっても、本家は籠屋の角田と呼ばれ、周辺で白眼視されていた。その本家が、2013年（平成25年）に途絶えた。

元籠屋の本家には、今、角田の血を引くが、角田とは異なる姓の人たちが住んでいる。

元本家、隣接して先祖が造った境内、それと近くにある一族の墓所との関係が、誰にも解らなくなる時がいずれ来る。

# まほろば

ぼくは、戦後間もない中学生時代、熊本市に住んでいた。国語担当の大槻先生から、2年生の時、多くの古典のさわりや百人一首を暗記するように言われた。

古典は若い時に暗記しておけば、その時意味が解らなくても、大人になればいつか解るようになる、と考えておられたようだ。

その中に古事記の倭建命の歌があった。

「倭は国のまほろば」で始まる歌である。「まほろば」の意味が解らなかったので、父に聞くと良い場所のことだと教えてくれた。

福井市の高等工業学校建築学科に勤めていた父は、1943年（昭和18年）

4月、熊本市の高等工業学校に新設された建築学科の科長として赴任した。
1949年、学制改革により、熊本高等工業学校は熊本大学工学部になる。

父は子供の頃過ごした故郷（ふるさと）の三須村下林のことは、家の中では殆ど話さなかった。一度も行ったことがない父の故郷に、ぼくは特に興味がなかった。ただ、家の近くに雪舟が生まれた家や備中国分寺があり、一帯に古墳がたくさんある、と断片的に聞かされていた。

父はヘビースモカーだったが、病気とは無縁な健康な体質だった。知人の医者にその理由を尋ねられた時、子供の頃家の近くで松の実を拾って、よく食べていたからではないかと答えていた。

それで、父が子供の頃過ごした家の周辺は、古代以前から自然に恵まれた豊かな土地で、多くの人たちが生活をしていたのだろうと想像していた。父の子供の頃の家は、農業で生計を立てている人たちが住む小さな集落の中の一軒で、どの家も屋根は藁か茅でふいてあるに違いない、とぼくは勝手に思っていた。

戦後暫くは書類などに本籍がよく使われていたので、ぼくは一度も行ったことがない本籍をいつの間にか覚えている。

「岡山県都窪郡三須村下林」

である。1954年（昭和29年）の市町村合併で、下林は総社市に編入される。

父は三須村下林を本籍にし、生涯それを変えていない。

本籍には番地があると思うが、父は普段番地は書いていなかった。

父に、

「下林はまほろばじゃなかと」

と言うと、笑っており否定はしなかった。

父は口にはしなかったが、心の中では故郷への思いは強かった。年に一度正月になると、それが表に現れていた。正月三が日の過ごし方には、強いこだわりがあった。

大晦日、母や妹たちは家の中や周りを磨き上げ、正月三が日間は掃除や洗濯を一切認めなかった。十数人の年賀の来客がある座敷には、唯一の暖房器具である炭火が入った桐の火鉢一対が、応接机の両側に置いてあった。太い桐の木を輪切りにして、中をくり抜いた火鉢である。

元日の朝、座敷に入ると、張りつめた空気を肌で感じた。床の間には、正月用の雄鶏を描いた掛軸が掛けてあった。座敷の中の温度は、障子一枚で仕切られた庭の気温とあまり変わらなかった。

父は正月三が日だけ、桐の家紋が入った羽織を着ていた。

12月31日、父のこだわりは雑煮の作り方でピークに達した。

妹たちが覚えている雑煮のレシピは次の通りである。

焼きハゼと昆布を一晩水に浸ける。翌日、それを沸騰させて削った鰹節を入れ、火を止める。上澄みを別の鍋に移す。薄口の醤油で味を付ける。丸餅以外に雑煮に入れるものは、新鮮なぶりの切身の炭火焼き、これがメインである。他に、かまぼこ、千切りごぼう、花形に切った人参、それにほうれん草も入れる。野菜はあらかじめ茹でておく。

忙しい母たちが作る千切りのごぼうは不揃いになる。それが気に入らない父は、毎年正月3日間の家族5人分の千切りごぼう作りを、自分の仕事にしていた。大きなボウル一杯になっていた。

大晦日の夕方に焼いた新鮮なぶりは、元旦は美味しかった。しかし、冷蔵庫が無い当時、2日、3日と時間が経つと酸化が進んで、だんだん不味くなっていたのを覚えている。

父は何も言わなかったが、母は岡山の雑煮と言っていた。

1953年（昭和28年）、父は熊本大学から九州大学工学部建築学科に移った。学科の新設には、父自身が関与していた。

その4年後、ぼくが大学2年生の時、岡山市の中学校で社会科の教師をしている従兄の茂さんが、父を訪ねて福岡市南薬院にある公務員宿舎に遊びに来た。

敗戦後のまだ貧しい時期、遠く離れた岡山の父方の親類との行き来は、それまで全く無かった。初めて会う茂さんは、ぼくより一回り年上である。

茂さんは、三須村下林周辺には、昔から角田姓の人たちが大勢住んでいるという。茂さんはその歴史に興味があるらしく、そのことを父と色々話していた。

豊臣秀吉の備中高松城水攻めのことも話していたようだ。日本史を中学で習っただけの理系専攻のぼくは、全く理解できず聞き流していた。

その後長い間茂さんの話を思い出すことは無かった。

# 山間の一軒家

父の故郷に初めて行ったのは、ぼくが42歳の時である。両親と一緒で、父は80歳になっていた。

父は九州大学を60歳で定年後、関与した新設の福岡大学工学部建築学科に移った。その後設計事務所を創って、福岡市に住んでいた。

つくばに居るぼくに、父は自分でダイヤルを回し、要点だけの短い電話をかけてきた。母と違って、それまでぼくに一度も電話をくれたことがない。珍しいこの電話のことはよく覚えている。

「近いうちに下林にある両親の墓参りに行くが、一緒に来てほしい」

子供の頃も成人になっても、ぼくは父に命令された記憶が無い。しかし、この時は命令調だった。

故郷に別れを告げに行こうとしているのが、電話の雰囲気から何となく解る。同時に、自分の出自について何も知らない角田姓のぼくを同行させて、本籍がある下林や周辺の吉備を教える最後の機会と考えていたようだ。３人きょうだいだが、男性はぼくだけである。

両親との生まれて初めての旅行だ。

１９８０年（昭和55年）４月上旬朝遅く、常磐線の荒川沖駅から電車を乗り継ぎ、新幹線で夕方岡山駅に着いた。風がまだ冷たくコートを着たぼくは、ホームで博多から両親が乗って来る「ひかり」の到着を待った。父は足が少し弱っていたので、初めて父の手を取って駅の階段をゆっくり降りた。

敗戦後暫くは、多くの家庭もそうだが、ぼくの家は食べるものにも事欠くほど貧しかった。水っぽいさつまいもや不味いかぼちゃだけの食事も時々あった。子供の頃、家族一緒に外食や旅行をした記憶がない。

その夜、岡山国際ホテルに泊まった。

写真１　吉備津神社：80歳の父が故郷下林に別れを告げに来た時、最初に訪れた場所（撮影　角田公章2015年）

翌朝遅くホテルを発ち、下林の父の長兄家族が住んでいる家までタクシーで行った。母とぼくにとっては初めての岡山だ。

父は運転手に、まず吉備津神社（**写真1**）に行くように言う。創建不詳の古い神社である。人気がない本殿の正面に母と並んで立った父は、胸の前で腕を組んで屋根を見上げ、暫くその場を離れようとしなかった。

次に大きな鳥居の側を通って、備中高松城跡公園（**写真2**）に行った。

写真２　秀吉に水攻めされた備中高松城跡公園（撮影　角田公章2015年）

父は運転手にゆっくり走るように頼む。遠方に山並を望む広い城跡公園を車の窓から観ても、角田の先祖と高松城との関係を何も知らないぼくは、特別な感情は沸かない。日本の何処にでもある景色にしか見えない。父は無言のぼくに、一言も説明しなかった。

下林の長兄の家に着いた時は、午後2時を過ぎていた。

山間の頂きにある一軒家のようだが、周辺には数軒民家がある。屋根は子供の頃想像していた藁葺きや茅葺きではない。戦後建て替えられていて、だいぶ年数が経っている。

この家が角田一族の本家で、建て替える前の古い家で父は生まれている。これらは、92歳で亡くなった父の葬式の時、参列した従兄の茂さんから聞いて初めて知ったことである。

周辺は雑木林で、本家から少し離れて住宅が数軒あるだけだ。土地が平たんでなく、田畑はあまりない。人々が農業で食べていくのが大変な土地に見える。

本家を継いでいる父の長兄の清太郎さんは、父より16歳年上だが既に亡くなっていた。本家には清太郎さんの一番下の男の子の信さんが家族と住んでいる。

信さんも父親の清太郎さんのように、農業で生計を立てているという。白髪の信さんは、ぼくよりかなり年上で、父の年齢に近く見えた。父方の姻戚関係の予備知識を持たずに来ているので、信さんと会った時、ぼくとの関係がよく解らなかった。大分年数が経って気づいたのだが、信さんはぼくの従兄なのだ。初めて信さんに会った時は、「信さんは父より一回り小さいが、顔立ちは父に似ている」が、ぼくの印象だった。

日焼けした畳の間に、大きな古い仏壇があった。その前に座った父は、日めくり式の位牌を懐かしそうに一枚一枚捲っていたが、両親と長兄夫婦の位牌の前では手を合わせていた。

この頃になると、両親は遠方に旅行をしなくなっていた。それで、これが両親との最初で最後の旅行になると思い、ぼくは父の故郷をバックにした両親の写真を何枚か撮った。

# 別れ

信さんの家からタクシーで少し移動した所に、角田一族の墓所があった。鬱蒼とした雑木林に囲まれていて、小高い丘になっている。数十段の石段を上った所にある墓所には、新旧大小の墓が自然発生的にランダムに建てられていて密集しており、立錐の余地もない。**（写真3）**写っている墓の多くは江戸時代のものである。

隅から隅まで調べたわけではないが、角田姓の墓石だけのようだ。500基位あるのだろうか。この数の多さは、最初の1基をここに建ててから、角田一族が長年この地に住み続けて来た証である。

写真３　令和５年に撮った角田一族の旧墓所。江戸時代の墓と令和の墓（左端）が隣接している（撮影　角田千代子2023年）

墓所の中央には「文政」「天保」などと書かれた明治以前の百基ほどの小さくて細い墓石が引抜かれて、一か所に集められ、縄でくくってあった。どれも正方形の切り口をした石材一本の墓である。中には風化して文字が読めない、かなり古い墓石も多数混ざっていた。

何百年も、角田一族は山間の同じ場所で農業を営みながら、大人の背よりかなり低い石柱一本の墓しか建てられないほど、貧しい生活をして来ている。

父の両親と父の長兄清太郎夫婦の

墓は、墓所のほぼ中央にあった。この2基だけが大きく、新しい。2基の周りは掃除が行き届いていて、新しい花束が供えてある。多数の石柱1本の古い墓石を動かして一か所に集め、新しい大きな墓2基を建てる場所を確保したようだ。

父は岡山駅で買った花束を、両親と長兄夫婦の墓前に供えた。父と母は、その前で手を合わせた。

タクシーで、逆方向に少し移動した。父は突然車を止めさせて降りると、人けが無いやや蛇行している上り道を、一人で大股でサッサと歩き始めた。母とぼくが一緒にいるのを忘れている。昼過ぎ、吉備津神社の百段ぐらいの石段を、ぼくに手を取られて、途中休みやすみ上り下りした父とは別人である。

振り返ると、左に緩く曲がっている下り坂の道を塞ぐように、道端に生えている低い木が見え、その先に道が遠方まで続いている。車は1台も見えず、人けは全く感じられない。

写真４　雑木林の直ぐ手前の畑に放置された石柱２本を眺める80歳の父。生家から歩いて数分（撮影　角田方衛1980年）

数分歩いた後父は急に立ち止まり、左側にある道路沿いの荒れた細長い畑に目をやった。早春で、まだ手が加えられていないこの畑は、本家の信さんたちのものなのだろう。一本の畦道が奥の雑木林に向かって斜めに伸びている。畑は道端から10メートル位で終わっている。父は狭い畦道をゆっくり通り抜け、雑木林の手前で立ち止まった。

畦道の左側に大人の背丈より短い、正方形の切り口をした比較的新しく見える細長い石柱2本が、丁字型に置いてある。**（写真4）**周辺は枯草で覆われていて、石柱の下には汚れないように大人の頭ぐらいの角ばった石が数個敷いてある。父は石柱をしばらく眺めていたが、やがて身を屈めてその下を覗き込み、中に右手を差し込んで、何かを確かめている。忘れられない石柱のようだ。

父の子供の頃の遊び場に長年放置されたままの石柱は、いったい何に使うつもりだったのだろうか。その場でぼくは用途を色々考えたが、何も思いつかなかった。

父はまた一人で、緩い上り坂を、先を急ぐように歩き始めた。社と鎮守の森が見えて来た。この辺りも子供の頃よく来ていた場所のようだ。この場所も信さんの家からそう遠くないはずだ。当時ぼくが撮った写真を見ても、この程度の記憶しか残っていない。

道に面して、大人の背丈より大分高い四角い断面の、太い石柱が2本立っている。それぞれの上部に、「奉」と「獻」の大きな文字が彫ってある。（写

写真５　昭和55年の境内（撮影　角田方衛1980年）

真５）３メートルぐらい間をあけた石柱は、鳥居のように見える。その後ろに、右側に社が、左隣には社より粗末な建物が建っている。その後ろには鎮守の森がある。

腕組みをした父は母と一緒に、２本の石柱の少し手前に立ち、身動きせずに社と鎮守の森をしばらく眺めていた。山間の一軒家で５歳の時母親を伝染病で亡くした父は、寂しさを紛らわすために、４人の兄姉たちと毎日のように境内に来て遊んだ場所に違いない。

母は子供の頃大阪市に住み、父親は実業家で裕福な生活をしていた。５人きょうだいの一番上で、家族７人と女中３人の写真が残っている。しかし、１９１８〜１９１９年世界中で流行し、日本でも数十万人の死者が出たというスペイン風邪で、母は10歳の時両親を相次いで亡くした。その後きょうだいは福井市の江戸時代庄屋だった父親の実家で育てられた。母は子供の頃の夢だった東京の女子専門学校に行くのを断念している。旧制度では、女子には学制上大学に相当する大学は無く、女子専門学校が最高の学府だった。

母は何も話さなかったが、どのような気持ちで、人や車が殆ど通らない山間の一軒家の父の生家付近を観ていたのだろうか。

# 人生の黄昏

　タクシーで移動して、父は下林の隣の赤浜に住んでいる直ぐ上の敏郎兄を訪れた。

　家は急な石段を数十段上がった小さな丘の上にある。玄関を開けると、広い土間である。昔は大きな農家だったという。

「こんにちは、じゅうきちです」

父が自分をじゅうきちと言うのを、ぼくは初めて聞いた。これまでの40年間、ぼくにとって父は父でしかなく、決して重喜千ではなかった。新鮮に感じ、父との距離が縮まった瞬間だった。

　重喜千は父の祖父の十吉の読み方に、異なった漢字を当てた名前である。

父は兄と十数年振りに会ったのに、家の中に上がろうとしない。先方に何か事情があるようだ。母と一緒に土間に立ったまま、最後の両親の墓参りに来たことを話している。ぼくは一人で玄関を出て、外で10分ぐらい待った。やがて、父は兄と一緒に外に出て来た。風貌が似ている2人は、玄関の前の細かい砂利を敷いた広場で背筋を伸ばして向い合い、夕日を受けながら、ぼくの目の前で、笑顔で淡々と言葉を交わした。

「もうこの世で会うこともあるまい。お前も元気で過ごせよ」

「兄さんこそ、お元気で」

これがすべてだ。生前交わした最後の言葉になっている。2人はたいした病気もせず、亡くなったのは10年以上経ってからである。

その後ぼくが帰省しても、父は下林のことは一切口にしなかった。

姿勢がよく、言葉少ない父は、眼光鋭く、中肉で背が高く、顔の輪郭がはっきりしてやや色が黒く、面長で髭が濃かったので、精悍に見えた。初対面の際、怖がる人も多かった。
60歳頃の父と初めて会った一回り位若い女性は、ぼくに
「お父さんは野武士みたいな方ね」
と言っていた。

高齢の兄弟の最後の別れを目の前で見ていたぼくは、その時40歳を少し過ぎたばかりで、人生の折返し点近くにいる。まだ将来に希望が持てる年齢だ。出自が多少気になっても、二人の気持ちが理解出来なかった。老優が西日の中で武士兄弟の今生の別れを演じる名画の一場面を観ているような感動に浸っていた。

このような人生最後の別れの場に立ち会える機会は、そうそうない。これを機に、ぼくの人生や物事の見方が変わった。縦方向には、その時その時ではなく、あるスパンで時系列に捉えるようになった。横方向には相対化して見るようになった。

石段の下の道路脇に待たせてあったタクシーで、備中国分寺の五重の塔へ向かった。

80代中頃になって足がしだいに衰えた父は、晩年福岡市南区の自宅の門から外には殆ど出なくなった。その代わりに、庭の芝生を毎日のように何十回も散歩していた。歩くところは決まっていて、そこだけがけもの道のように芝が擦り切れていて、ほぼ正方形になっている。ぼくが帰省した時、母は部屋の中からそれを見て、笑いながら「お父さんの性格そのままね」とぼくに話しかけた。

ワイロのような曲がったことを生涯寄せ付けなかった父は、芝の上を右回りに真っすぐ歩き、昔の武士のように直角に曲がっている。江戸時代の武士がタイムスリップして、大正、昭和を生きた最後の武士と言えないこともない。

父は89歳の時、母と一緒に自宅から老人ホームに移った。太宰府に近い二日市にあった温泉旅館を建て直した、新築のホームである。最後の8か月は、隣接する済生会病院のベッドから離れられなくなっていた。

この時期、ぼくはつくばから毎月のように帰省し、父が入院している病院の個室を訪れた。毎日父の面倒を見ている中年の女性は、

「こんなに手がかからない方は、初めてですよ。どんな生活をされていた方ですか。殆ど動かれません」

と、ぼくに話しかけた。

上の妹のケイ子と姪が個室のベッド脇のソファで仮眠中、父は朝5時頃一人で息を引き取った。婦長は気にしている妹に、

「テレビのドラマのように、親族が見守っている最中、誰かに手を取られて亡くなる、そんなうまい具合に逝くことは殆どありませんよ」

と言って慰めた。

母はその1年前に急逝している。

父の葬式は福岡市中央区古小烏町の斎場で行なわれた。父が好きだったベートーベンの交響曲「田園」を流してもらった。父はドイツのナチス時代、ベルリン大学に官費で2年間留学している。帰国する時この曲が入ったレコードを持ち帰っている。下林の山間育ちの父はナチスとは波長が合わなかったが、ドイツは好きだった。

ぼくは2種類の「田園」のCDを持っていた。最初ベルリンフィルの田園と思ったが、カラヤン指揮はテンポが速い。それで、フィラデルフィア交響楽団を指揮したテンポが遅いオーマンディーの曲が入っているCDを、つくばから持参した。遅い方が父の故郷の吉備の田園風景に合っている、と思ったからだ。後で参列者の何人かに、「田園」が式の雰囲気に合っていたと言われた。その中に従兄の茂さんもいた。茂さんもテンポが遅い「田園」が吉備の田園とシンクロする何かを感じたようだ。

茂さんに会ったのは、これで2度目である。最初に会ってから既に三十数年経っており、茂さんは60代になっていた。

葬式の後、茂さんは父の生家について何も知らないぼくに、

「方衛さんが10年以上前御両親と一緒に行った下林のお父さんの生家は、角田一族の本家で、今も籠屋と屋号で呼んでいるんですよ。戦国時代の終わり頃から、先祖は代々そこに住み続けているんです」

「角田は『すみた』ではなく、『すみだ』と言うのが正しいんです」

と教えてくれた。

ぼくは、子供のころからずっと、「すみた」と言っていた。

# 備中国分尼寺跡

父が亡くなって間もなく、ぼくは一人で下林を訪れた。十数年前両親とここへ来た時は、初めての土地をタクシーで慌ただしく移動したので、あまり記憶に残っていない。今回は一人で来ている。足の向くままに見たい所を見て、多分もう来ることがない父の故郷に、別れを告げようと思っていた。

家を出る前に、地図で下林を探した。以前つくばで開かれた岡山県人会で、貰った地図である。地図を見ると、下林は岡山駅から西北西に10キロ少々である。

岡山駅の観光案内所で、下林に行けるバスがあるかどうかを尋ねると、下林はバスで行くような所ではないと言う。吉備線で足守駅に行き、そこから下林は数キロあるから、タクシーを使ってはどうかという。

足守駅は無人駅だった。小さな木造駅舎のホーム側の窓際に設置されている公衆電話で、タクシーを呼んだ。駅の周辺の小さな住宅街を通り抜けると、道の両側には稲刈りが終わったばかりの田んぼが広がっている。所々で籾を焼く薄紫色の煙が立ち昇っている。

前方に小高い丘が連なっていて、麓に小さな集落が見えて来た。運転手は指さしながら、

「あの辺りが下林ですよ」

と言う。田んぼが切れる所でタクシーを降りた。坂道を少し登ったところにある集落の中の狭い路上で、立ち話をしている中年の女性2人に、父の生家のことを尋ねた。

「すみません。この辺りに、すみだという家はありませんか」

「この辺りはみな、すみだと言いますよ。私たちも、すみだです」

全く予想していなかった応えが返って来た。角田以外の姓を寄せ付けない二

十数軒の集落である。事情を話すと、2人はぼくが「本家の跡取りに似ている」と言い、急に笑顔で親しそうに話し始め、道を丁寧に教えてくれた。跡取りとは、十数年前一度両親と一緒に10分ぐらい会った、一回り以上年上の従兄の信さんのことだ。

集落が途切れると、上り道が続く。両側は雑木林で、民家は無く、人の気配は全く感じられない。父の両親の墓がある丘の上の墓所は直ぐ判った。墓前に岡山駅で買った花を供えた。

雀蜂が数匹頭上を飛んでいる。今日は何故か雀蜂が怖くない。墓所の中の雑木林に、大きな蜂の巣があるのだろう。

近くを暫く歩き回ったが、土地勘が全く無いので、父の生家が分からない。生家を訪れる理由は特にないのに気づいた。

以前両親と一緒に訪れた国分尼寺跡に歩いて行くことにした。地図を見ると、そう遠くない。2キロぐらいだ。

その時は、タクシーで親子3人備中国分寺の五重の塔に行き、そこからこうもり塚古墳を通って国分尼寺跡までゆっくり歩いた。その間1キロもない。周りは小高いなだらかな山と田んぼで、段差は小さいが棚田になっていた。

今日は一人でここに来ている。両親が亡くなって、あまり時間が経っていない。両親への思いが心の中で錯綜する。以前両親と来た時と違って、感情が研ぎ澄まされている。


目の前に赤松の林が広がっている。晩秋なので、雑草は大方枯れている。地面は穏やかに起伏していて、大きな礎石が所々見え隠れしている。昔ここに国分尼寺があったことを知らなければ、見落としそうだ。他には誰もいない。吸い込まれそうな静寂さである。自然の中に溶け込んでいる礎石以外に人工的なものが一切ないこのような場所は、10年は一瞬である。ここは当時と何も変わっていないように見える。しかし、両親と一緒にここに来たことが、遥か昔の事に思えた。

離れがたく、礎石に腰を下ろす。松林を通り抜ける微かな風の音を聞きながら目を閉じると、人は悠久の自然の中を慌ただしく通り過ぎて行く小さな存在に見える。人間とは何か、先祖とは何か、親子とは何か、普段あまり考えないことが頭の中に浮かんでは消えて行く。

# 長幼の序と男尊女卑

父が亡くなって半年経った頃、茂さんの兄の不二雄さんは、43枚の手書きの手記をぼくに送ってくれた。ぼくが父の故郷について何も知らない話を茂さんから聞いて、長い手記を送ってくれたのだ。僕より15歳年上の不二雄さんは、名前は聞いていたが、これまで一度も会ったことがなかった。

手記には、明治30年頃から大正・昭和にかけての角田本家に関する話が詳細に書いてあった。

不二雄さんは広島の陸軍幼年学校から陸軍士官学校に進み、戦時中は千葉市稲毛にあった陸軍歩兵学校に勤務している。陸軍将校だった。

敗戦の年の昭和20年5月中旬、米軍の九州上陸に備えて臨戦態勢を採っている鹿児島県の志布志湾や伊集院などに、不二雄さんは校長の中将他若手将校数名と一緒に赴き、現地守備隊に対米軍戦闘法を教育している。日本は制空権を失っていたので、将兵用車両と民間人用車両を連結した混成列車は空襲を避けて山の中を通る肥薩線を使ったという。それでも不二雄さんが乗っていた列車は、熊本駅近くの白川（しらかわ）の鉄橋の上で、数機編隊の艦載機グラマンの波状攻撃を受け、機関車は炎上し、多数の死傷者が出たそうだ。

ぼくが熊本市出水国民学校2年生の5月中旬、麦畑の畦道で機銃掃射に遭っている。その話を聞いた不二雄さんは、その日は白川の鉄橋の上で機銃掃射に遭った日と同じではないかと言っていた。

戦後不二雄さんは方向転換して、東京大学文学部に入学し直し、卒業した後、東京の出版社に勤めていた。

手記によると、下林の父の生家では、長幼の序と男尊女卑で律した生活をしている。

食事は足のついた箱膳で、席は上座から男性が歳の順に、次に女性が歳の順に並ぶ。入浴もその順番だった。男4人女1人の5人きょうだいの末っ子の父は、兄たちに口答えが出来ず、食事も異なることがあったという。

ぼくは子供の頃、「女賢しうして牛売り損ね」とか「女子と小人養い難し」という言葉を、いつの間にか覚えていた。小中学校でこのような言葉を習った記憶がない。女性は家を治めるのが大事な仕事という武士的家庭環境で育った父が、民主主義になった戦後も、家の中で時々使っていたに違いない。

明治40年代になっても、父の生家では新渡戸稲造の『武士道』の中にある江戸時代の武士の家庭のような生活をしていたようだ。

明治維新で政治の仕組み、常識、生活習慣が不連続に大きく変化する。明治9年の廃刀令で、武士階級は消滅する。しかし、東京から650キロ離れた下林に、時代の大波が到達するまでにかなりの年数を要している。明治の終わり頃、その波は下林にも漸く到達する。

ぼくの父は、１９００年（明治33年）生まれである。尋常小学校を卒業後、父親吉太郎が希望する商人になるために、岡山市の私立関西（かんぜい）中学校に入学する。しかし、商売が自分に向かないことが解り、その後理系を目指して岡山市にある六高に入学する。

明治末期、岡山市から宇野まで鉄道が開通し、宇野港と香川県高松港を結ぶ宇高連絡船も就航する。大正になって三井造船所が建設される。父の長兄清太郎と次兄友美は関西中学校卒業後、殆ど人が住んでいない開発ラッシュの新開地の宇野町に出て、駅前に雑貨商を構える。使用人を雇うほど繁盛した。

父の三番目の兄敏郎と四男の父重喜千は、それぞれ京都と東京の大学を出ている。兄たちが弟たちの学資を出し続けていたようだ。

その頃、角田一族の本家の全員が下林から宇野町に移り住んでいて、下林の本家は十数年空き家になっていたという。

その後昭和になって、本家の人たちは下林に戻っている。

## 秀吉に許された苗字、帯刀と桐の家紋

父が亡くなった翌年、つくば市の理系の国立研究所に勤めているぼくの家に、茂さんが遊びに来て一泊した。

つくば研究学園都市の中心部は最初茨城県新治郡桜村だったが、周辺の広い領域を含めて、1987年につくば市が誕生している。

父もぼくもアルコールを飲めないので、父方はみな遺伝的に飲めないと思っていた。しかし、茂さんはスコッチのオールドパー一本を一度に空にするほどの酒豪だった。

茂さんは下林の本家が今でも籠屋という屋号で呼ばれているのに興味を持ち、角田一族の先祖のことを近くの寺などを回って年月をかけて調べ歩いて

いた。茂さんは夜食事の時、次のような話をした。

「1582年秀吉の備中高松城攻めの時、角田の先祖は秀吉方についたんですよ。そして築堤に使う竹製の蛇籠を数百個供出したようです。足守駅の東に門前という所がありますが、そこから続く高松最上稲荷の参道に大きな鳥居があるんです。そのあたりを蛙ケ鼻と言います。この門前と蛙ケ鼻の間4キロに、秀吉は12日間で堤防を築いたそうです。

そこに足守川から水を引いて、水攻めをしました。築堤に蛇籠が役立ったということで、先祖は秀吉から苗字角田、帯刀、秀吉と同じ桐の家紋を許されたんです。許すといっても、一銭もかかるわけではないんですけどね。

先祖は蛇籠からとった屋号で、籠屋と名乗ったようです。地元では、本家は今も籠屋の角田と屋号で呼ばれているんです。

しかし、その後豊臣家が滅びると、城主を裏切ったということで、角田一族の先祖は白眼視されるようになりました。籠屋の角田は今でも周辺であまりよく思われていないんです。一族の菩提寺は、上林にある金龍寺です」

秀吉が攻めた備中高松城は安芸の戦国大名毛利輝元軍の最前線で、城主は清水宗治である。直線距離だと、高松城は新幹線の岡山駅から西北西に約10キロだ。

秀吉軍は門前から蛙ケ鼻までの間に、堤防をわずか12日で造っている。臨戦態勢の秀吉軍は、築堤などに必要な資材や労働力を調達するために、豊富な軍資金を持って来ていたに違いない。

戦国時代、角田一族の先祖は足守の農村地帯で、部下数十人を率いた地侍の頭領だったようだ。一農民なら、短期間に数百個の蛇籠を秀吉方に提供できるわけがない。

下剋上が珍しくない時代、先祖は普段農業を営み、世に出る機会を窺っていた。秀吉軍が高松城を攻めて来た時、先祖は一族の命運を賭けて地侍仲間を率いて、チャンス到来と織田信長の配下で勢いのある秀吉方についた。

先祖の数百個の蛇籠の供出や地侍の頭領としての働きぶりが、秀吉の目に留まったようだ。直接接点があったのか、秀吉は先祖と主従関係を結ぶ。そして、秀吉は苗字帯刀に加えて、豊臣家と同じ桐の家紋も許した。地侍から正真正銘の武士への格上げである。水攻めの途中で、本能寺の変が起こる。先祖を頭領とする地侍集団は土地勘があり、いざという時頼りになる機動力に長けた集団だった。

出自不明で名も無い農民出身だが、機を見るに敏な秀吉は、同じように名も無い平時農民の敵地の角田の先祖が、自分たちのために一所懸命に活躍するのを観て、過分に高く評価する。これは付近の農民を味方につけるための、軍資金豊富な秀吉一流の戦略だ。秀吉のこの高い評価は効を奏す。近隣の村々で話題になり、褒美を期待して秀吉に味方する村長（むらおさ）や農民が続出したに違いない。

先祖の賭けは成功したかに見えた。が、長くは続かなかった。豊臣家が滅亡したのは、今から約４００年前の１６１５年、高松城水攻めから33年後の大阪の陣の時である。

角田一族の先祖は、それまでの住み心地が良い居住地に住み続けられなくなる。地元の城主を裏切った先祖は落人のようになって、当時人が住んでいない不毛の未開地だが勝手が解っている、辺ぴな三須村下林の山間に移り住む選択をした。仇討ちが合法的だった江戸時代、万が一の場合でも防戦しやすい場所である。

四面楚歌の中、一族の本家が生き延びられたのは、運が良かったからだ。足守駅と高松城跡と下林の位置関係は、北に位置する足守駅を頂点とする三角形になっている。直線距離だと大雑把に、高松城は足守駅から南東に約3キロ、下林は南西に3キロ、高松城と下林の間は4キロである。

その後角田姓の人たちは、秀吉との関係に触れるのをタブーにして、周辺との交流を避け、息をひそめて江戸時代末までの約270年間、山間の不毛の地、下林に住み続けた。そのため秀吉と先祖との関係は、殆ど伝承されなかった。

# 勝負事を好む優性遺伝子

地侍の頭領だった先祖は、角田一族の命運を、備中に攻め込んで来た勢いのある敵方秀吉に賭けた。賭けは功を奏して、武士になって秀吉の家臣になった先祖は、飛ぶ鳥を落とす勢いだったに違いない。先祖が秀吉側に供出した竹で編んだ蛇籠から採った、籠屋という屋号も用いた。

しかし、長くは続かなかった。33年後豊臣一族は滅亡して、先祖の賭けは失敗に帰した。先祖は難を逃れて、不毛の地三須村下林に移り住む。江戸時代を無事生き延びた本家は、この地の一軒家に400年住み続けている。21世紀になっても、籠屋の角田本家一族は下林周辺では、白眼視されている。大きな賭けに負けた代償は、十数世代に渡って払い続けさせられている。

角田一族には、それほど強くはないが、勝負事を好む遺伝子が受け継がれている。

碁が高段者の不二雄さんの手記によると、不二雄さんは小学生の時、祖父の吉太郎が友達と打っている碁盤の下に置いてある石を触って、怒られたという。不二雄さんの父の友美は宇野町駅前の雑貨商を閉めた後、時々徹夜で碁を打っていて夢中になり、煙草の吸殻を畳に落として焦がし、母春江から嫌がられていたそうだ。

不二雄さんは出版社を定年退職後、自宅近くの碁会所を居場所にしている。

大正時代宇野町に居た吉太郎は投機ブームに乗って、定期券を買って岡山市の取引所に通い、米相場で大負けしている。

高校教師だった敏郎叔父は、戦後退職金をつぎ込んで株で大儲けをし、家作を何軒も建てている。

父親を反面教師にしたぼくの父は、生涯賭け事や株の売買などは一切やっていない。しかし、ぼくが子供の頃、碁・将棋・花札・トランプのルールを詳しく教えてくれた。妹は、畳の上に座布団を置き、その上で兄妹3人と父で、花札をしたのを憶えている。花札の役である「猪鹿蝶」や「花見て一杯」などを、80歳になった今も、忘れていない。

勉強机の引出しの裏に鉛筆で線を引き、その上にコマを並べて、父はぼくに将棋を教えてくれた。

本家で生まれた父は子供の頃、山間の一軒家で暮らしている。近くの分家の角田姓の集落まで、2キロある。他の集落はもっと遠い。普段遊ぶ相手は、きょうだいに限られていたようだ。昼は兄弟で境内の物置きで相撲をとったり、雑木林や墓所を駆け巡りし、天気が悪い時は家の中で碁や将棋や花札などをしていたに違いない。

ぼくは短い期間であるが、株の売買をしたことがある。

昭和60年代初め、日本経済のバブルが始まった頃、つくばのぼくがいた研究所でも話題になっていた。数人が研究本館4階の廊下で立ち止まって、株を買っている話をしていた。脇を通りかかったぼくは、その話に加わった。それまで、ぼくは株の売買に興味を持ったことがない。が、みんなの話に刺激されて、少し買ってみることにした。

研究者仲間から紹介してもらった証券会社に電話すると、

「初めてなら、安全な東京電力の株でも、少し買ってみてはどうですか」

と言う。その時、東電は２０００円だった。それで

「じゃ、東電の株を20万円ほど買って下さい」

と頼んだ。バブルが始まっていたので、どの株も毎日高値を更新する。東電株は間もなく３０００円をつけた。証券会社に電話して、担当者に

「東電を更に30万円買い足して下さい」

と頼むと、彼は

「お客様、２０００円が３０００円になったら、売るのが普通ですよ」

と言う。素人のぼくは、株の売買の詳しい事情は何も知らない。自分の感を

信じて、それでも買い足してもらった。他に、バブルを支えていると思った建設株なども買ってもらった。その後、株価は一本調子で上昇し、東電株はやがて８０００円台後半を付けた。その時、持っていた株すべてを売った。それ以降、株の売買はしていない。

ぼくは株以外に、六十数年毎週のように麻雀を続けている。碁も20歳ごろから打ち始め、今も続けている。

ぼくの次男はスマフォで株や外貨の取引をし、かなりの成果を上げている。

孔子の言葉を集めた『論語』は、田舎でも識字率が比較的高かった江戸時代の日本人の考え方や行動に、大きな影響を及ぼした。武士の誇りを持って江戸時代を生きた角田一族の本家では、論語は必読書だったに違いない。細い墓石一本しか建てられないような代々貧しい暮らしの連続だったが、貧しきを憂えなかった。

論語をパラパラ見ていたぼくは、

「飽食して日を終え、心用いる所なし。難いかな。博奕なるものあらずや。これをなすは猶已むに賢れり」

という言葉を偶然見つけた。お腹いっぱい食べて、一日中ボーとしている位なら、賭け事でもしている方がまだましだ、と言っている。

田畑が少なく時間的に余裕があった先祖は、代々この言葉を実践した。ぼくの中のこの遺伝子は、行動を伴って強く現れている。ぼくはどんなに忙しい時でも、勝負ごとに多くの時間を割いて来た。

# 先祖代々４００年の居場所

本家一族が下林やその周辺で、今も籠屋の角田と呼ばれている話を茂さんから初めて聞いた時、状況がよく理解できなかった。ぼくはそれまで、屋号とは無縁な生活を送っている。

茂さんはつくば市のぼくの家に来た時、時間をかけて創った手書きの「角田一族略系図」のコピーを持参した。１３０人位の名前、誕生年、死亡年、年齢、学歴、職業等が、大きな紙を横にして、小さい文字でギッシリ縦書きに書いてある。線で世代が揃えてあるので、とても見易い。

茂さんが調べ出した最も古い籠屋の家長は、文化時代の１８００年頃に生まれた角田吉太郎である。吉太郎から6代後の昭和の終わりごろまでに生まれた一族が書き込まれている。すべてが判明したわけではないが、ここ約200年の角田本家一族の縦の繋がりと横の広がりが一目瞭然になっている。

不二雄さんの手記によると、1歳下の妹の芳子さんが、茂さんの聞き歩きに協力している。数十年前だが、下林の住人は角田姓が殆どで、調べた54軒中角田姓以外は4軒だけだったという。

敗戦後外地からの500万人の引揚げなどで人口が急増し、数年間で千数百万人増えている。国は急遽、全国規模で干拓や開墾、さらにブラジルやパラグアイなどへの移民政策も始める。

敗戦後1年経った頃の朝日新聞社系の新聞の社説は、「平地は耕作用に、斜面を住宅に」と書いている。それなのに、下林には角田姓以外の人たちは殆ど入って来ていない。平たんでない山間で、田畑が限られていて、新たな開拓も容易な土地ではない。

住人に直接会って調べた芳子さんは、本家以外の下林の角田姓が、全部近い親類ではないと言う。本家の籠屋以外に、油屋など数種類の屋号の集落が存在しているのを聞き取っている。

屋号が不要な現在でも、本家一族のように屋号を日常的に使う地域が存在するのには、それなりの理由があるはずだ。

茂さんと芳子さんの調査結果から、次のようなストーリーが考えられる。

江戸時代になって、本家の先祖は一族の生き残りをかけて、山間の頂きに本家の一軒家を置き、数キロ離れた何ケ所かに本家を守るように要所に角田姓の集落を造った。それぞれの集落に屋号を創って分家し、その後長い間、本家は分家との交流を避けた。

足守川の方から来る備中高松城主仇討隊に下林の入口にある集落を突破されても、2キロ先にある本家は、頂きの逆側に逃れることができる。逆側に蛇行している道を少し下ると、視野が広くなりその先に三叉路が見えてくる。今考えても、本家の防御体制は万全で、理にかなっている。

質素な本家に隣接している場所的に不似合いな立派な「社」（**写真6**）は、角田一族の団結のシンボルとして必要だった。

写真６　角田の先祖が造った境内の社（撮影　角田千代子2023年）

江戸時代、苗字は階級社会トップの一割未満の武士のみに許されている。その他の農工商の人々は苗字の代わりに屋号と名前を使うしかない。本家以外の角田一族は秀吉が許した苗字を使わずに、屋号と名前を使った集落を、本家の周辺に配置して、万が一の仇討に備えた。そして、明治時代になって集落の住人は、角田姓に復帰した。

父が子供の頃、分家の人が用事で本家を訪れて来た時、分家の人は玄関を入って直ぐの土間に正座し、父の父親吉太郎は一段高い部屋の中から、立ったまま名前を呼び捨てしていたそうだ。

山間の頂きにある家は不便で住み心地は良くなかったが、４００年に渡る本家の居場所だった。

１９９９年（平成11年）、茂さんから食道がんの手術をしたという手紙を貰った。２年後の秋、食道がんが再発してまた手術したがあまり調子がよくない、と書かれた葉書が来た。ぼくは下の妹のエリ子と一緒に岡山市津島の家に見舞いに行った。茂さんは、

「食欲はないがこれまで無理して食べていたんだ。でも、もう食べる気力も無くなったよ。

それよりも、下林とその付近を案内するよ。そうだ、角田の菩提寺に行ったことがないだろう。そこにも行こう。すぐ近くに住んでいる弟の正美に車を運転してもらうようにもう連絡してあるから」

と言う。

昭和6年1月生まれの正美さんは江田島の海軍兵学校時代、たまたま用事で広島市に来ていて原爆に遭い、頭の骨が飛び出すほどの大怪我をしている。正美さんの運転する車で、一族の山間の墓所や吉備路をドライブし、最後に上林にある菩提寺に行った。茂さんの手を取り、金龍寺の石段をゆっくり上った。門前には「高野山真言宗」と書いた目立つ石板が据えてある。

寺の墓地には「角田家之墓」と書いた古い墓標があり、理由は分からないがその近くにぼくの父の祖父十吉の墓がある。

住職はぼくたちに素気ない。昔、籠屋の角田の先祖が地元の城主を裏切ったことに、まだわだかまりがあるようだ。しかし、茂さんは晴々とした笑顔で、

「こんなに気分がいいのは、久し振りだよ」

と言う。そう遠くない死を受け入れて、角田一族の故郷への別れのドライブも兼ねていた。

以前、不二雄さんが金龍寺の住職に電話をかけて祖父十吉のことを尋ねた

時、「この近所は全部と言ってよいほど角田だから、屋号を言ってもらわないと判らない」と言われたそうだ。上林も下林のように、住民の殆どは角田姓なのだ。

歩き回って調べた芳子さんは、下林だけでも籠屋以外に数種類の屋号があることを明らかにしている。上林の角田姓の集落も、屋号を使っていたようだ。周辺の他の地域にも、屋号を使っていた角田姓の集落があるかも知れない。

その年の暮、正美さんから茂さんの訃報が届いた。

両親の二十三回忌の法要を、２００８年（平成20年）になって、ぼくは福岡県粕屋郡篠栗の若杉山中腹にある明王院で行なった。この寺には高野山真言宗の文殊院がある。

父が最晩年ぼくに、「一度高野山にお参りに行って来てほしい」と言い、昭和天皇が崩御した時は「皇居に行って記帳してきてほしい」と言ったのを思い出した。ぼくは妹のエリ子と姪の3人で皇居に行き、長い列に並んで角田重喜千と記帳した。

昭和天皇に年齢が近かった父は、昭和天皇が好きだった。

僕がこの話を不二雄さんに話した時、不二雄さんも昭和天皇は好きだったと言った。

明王院には、両親の墓がある。山の中腹にある墓は、両親が2人で訪れ、父が下林にある角田一族の墓所の周辺に雰囲気が似ているのが気に入って、一度でそこに決めている。母もこれで安心したに違いない。

母は晩年、「方衛に後を任せると無縁仏になりそうね」と、ぼくに何度か言っていた。

# ナビが無力な陸の孤島

次男の公章は東京の小平市に住んでいる。子供の頃からよく本を読み、日本の歴史にも興味を持っている。つくば市で一軒家住まいをしている超後期高齢の親を気にして、年に数回、様子を見に車でやって来る。

ぼくが茂さんから聞いた角田の先祖と秀吉との関係を話したことがある。高松城水攻めの途中で本能寺の変が起こっており、そのことも秀吉の角田の先祖に対する評価を高めたのではないか、とぼくは付け加えた。

それ以来、公章は自分のルーツをもっとよく知りたいと言う。

ぼくはこれまでに3度、下林を訪れている。最初は42歳の時で、両親と一緒だった。2度目は54歳の時で、父が亡くなって間もなく一人で来ている。

3度目は63歳の時である。従兄の茂さんと正美さん、それに下の妹エリ子とぼくの4人で来ている。もう一度下林に行くことになるとは、考えたこともなかった。しかし、ルーツをよく知りたいという次男の気持ちは、高齢になったぼくには理解できる。それで、下林を一緒にまた訪れることにした。

それは、2015年(平成27年)4月中旬のことである。次男は、ぼくが両親と下林を訪れた時と、同じぐらいの年齢になっている。

写真7　備中国分寺（撮影　角田公章2015年）

公章は前日一人で岡山に来て、高松城跡公園（写真2）を訪れていた。「案内板を見てようやく場所が分かった」と言ったが、他には何も語らなかった。

朝、岡山駅前でレンタカーを

写真８　吉備津神社入口の石灯篭にある「獻」（撮影　角田公章2015年）

借り、公章の運転で、以前両親と一緒に行った備中国分寺（**写真7**）と吉備津神社をまず訪れた。車のナビが使えるから、何も問題ない。

吉備津神社に登る約百段の石段の下の両側に、石灯篭がある。公章はスマフォで数十枚写真を撮っていたが、その中の一枚に、石灯篭の写真があった。右側の石灯篭をよく見ると、「獻」という古い漢字が彫られているのに気づいた。（**写真8**）本家に隣接する境内にある大きな左側の石柱に彫ってある「獻」と同じ漢字である。江戸時代初期だと思うが、角田の先祖は吉備津神社の石灯篭のこの漢字を見て、本家が造りかけていた境内の石柱に使わせてもらったに違いない。

43年前、両親と一緒に初めて下林に来た時、父はまず吉備津神社に行くように、タクシーの運転手に頼んでいる。父は吉備津神社の石灯篭にある「獻」という漢字が、生家の隣の境内にある大きな石柱に使われているのを知っていたのだろうか。

次に角田一族の本家と墓所に行くことにした。下林という地名、人里離れた山間、車も人もめったに通らない狭い蛇行する道、雑木林が多く田畑が殆ど無い辺ぴな地、このようなことを覚えていた。

これまで下林に三度来ているが、その内二度は他人が運転する車の後部座席に座って移動しただけなので、何も覚えていない。もう一度は三十数年前に、一人で先祖の墓所から国分尼寺跡まで地図を見ながら歩いている。年数が経っていて、覚えているのは途中あちこちに竹藪があり、赤い実をつけた柿の木が青空に映えていたことぐらいである。

父の生家である本家には、ぼくが42歳の時両親と一緒に、一度だけ来ている。生家と境内と墓所の位置関係は元々何も知らない。少し、不安になった。出かける前にグーグルの地図を調べたが、下林周辺の詳細は何も出ていない。グーグルは備中の地図を創る時、人があまり住んでいない不毛の山間の下林の地図は創るに値しない、と判断してスキップしている。番地も知らない。それでも何とかなるだろうと高をくくった。

レンタカーのナビには、下林という地名も出てこない。下林は吉備線の足守駅から南に数キロの、標高の低い丘陵の地域だ。11時半頃、足守駅前の小さな駐車場に車を止め、数人の乗降客に下林の方角を聞いた。しかし、誰もその地名すら知らない。

スマフォのナビに下林を入れると、道路が殆ど示されないので、全く役に立たない。約1時間途中で車を降りたりして、昔ぼくが撮った何枚かの写真に写っている場所を探した。しかし、それらしい所に行きつけない。民家は無く、車や人に全く出会わない。現在いる所が下林かどうかを確認するのも容易ではない。

やっと、これまで無かった比較的新しい住宅とは違う、やや大きな建物があった。障害者用福祉施設だった。勤務している数人の職員に、この近くにあるに違いない、角田一族の墓所や境内を聞いたが、誰も知らないと言う。みんな下林出身ではなく、他所から車で通っている。

父の生家に行き着けそうにない。一族の本家はこんなにわかり難い不便な所に、代々住み続けて来たものだと改めて感心する。

3時30分の帰りの新幹線を予約している。あまり時間がない。これ以上探すのは無理だと思った。公章に

「諦めて帰ろうか。もう1時を過ぎているけど、お腹空かないの」

と聞いた。普段温厚で、感情をあまり表に出さない公章がぶっきら棒に、「空いてない」と言う。お腹は空いている。ただルーツ探しを中途半端にして、帰りたくないようだ。

# 生々流転

スピードを出しようもないカーブの多い狭い道を当てもなくゆっくり運転していると、小さな工事現場があった。責任者風の男性に、

「すみません、すみだといいます。角田姓の墓が沢山ある小さい丘の上の墓所を探しているのですが、ご存じないですか」

と尋ねた。すると、親切に直ぐ携帯電話で知人に聞いてくれた。ここから歩いて10分くらいの所にその墓所があると言う。もう少しの所まで来ていたのだ。

　そこは見覚えがあった。最後に従兄の茂さんたちと、車でここに来てから既に16年が経っている。何も変わっていないようだ。

小さい墓が多数雑然と建っている墓所の中央に、新しい大きな墓が2基あるはずだ。父の両親吉太郎と敬以の墓である。もう1基は父の長兄清太郎夫婦の墓である。

敬以はケイと読む。母親敬以を早く亡くした父は、自分の長女に母親の名前の読み方であるケイを使って、ケイ子という名前をつけた。ぼくの上の妹だ。父にとって一番大事な墓だったに違いない。その墓がない。

公章と一緒に時間をかけて歩き回り、その2基を注意深く探したが、影も形もない。消えている。自分の記憶が間違っていたのかな、と急に自信が無くなった。状況が全く理解できないまま、そこを離れた。どうすればいいのか、何も思いつかない。

「多分ここにはもう来ることもないから」

と公章に話しかけながら、当てもなく2人で墓所の近くのカーブが多い上り道をゆっくり歩いた。周囲は雑木林で、この周辺もひと気どころか民家も視界に入ってこない。公章は落胆した様子だが、

「これで満足した」

とポツリと言った。

緩いカーブを曲がると突然雑木林が視界から消え、目の前が広く明るくなり、鳥居のように見える2本の大きな石柱と社と鎮守の森が目に飛び込んできた。昔から何処にでもある日本の原風景だ。境内を見ていると、歳のせいか安らぎを感じる。

この境内は広くて平らである。殆ど手入れされていない周辺と異なり、ここだけは枯木や落葉はほとんど無い。隅々まで清掃が行き届いている。誰かが定期的に掃除をしていて、生活に密着した趣が感じられる。そして、清められた厳粛な雰囲気を漂わせている。

大きい風格のある社と、少し間を空けて左側に、やや小さな社風の建物が並んで建っている。**（写真9）**

写真９　平成27年の境内（撮影　角田公章2015年）

頭の中を弱い電流のような何かが走った。霊感と言うのだろうか。昔、両親と一緒に来た境内の詳細は何も覚えていないが、ここはその境内に違いない、という強い思いが頭を過った。石柱の文字も「奉」と「獻」で、昔見た石柱の文字と同じだ。

公章にそのことを伝えた。持参した、以前ぼくが撮った色が褪せかかっている写真（写真５）と目の前の風景を、２人で見比べた。

以前の写真は、４月上旬に撮っている。前年収穫を終えた畑は、そのまま放置されていて、畑は荒れ地のように見えた。（写真4）雑木林は新芽を吹きかけていた。

写真9は4月中旬に撮っている。写真5と比べて、雑木林も地面の雑草も緑化がかなり進んでいる。

写真5に写っていた枯れかかっていた大きな松の老木2本が無くなっている。社の手前にある幅2メートル位の5段の石段の両側は、以前は傾斜した盛り土だったが、新しい石垣になっている。昔撮った写真に比べて、隅々まで手が行き届いている。

父が子供の頃拾って食べたという松の実は、この境内の松の木の実だったのだろうか。

角田一族の本家は代々何百年もこの地に住み続けている。江戸時代の本家の子供たちも、父の子供の頃のようにこの境内で遊び、松の実を拾って食べていたに違いない。

境内に隣接して、築後年月が大分経ったそう大きくない古い家が建っている。その先は緩い下りになっていて、その家は頂のような場所にある。境内との境界は灰色の煉瓦塀だが、部分的にしか仕切られていない。家屋と境内が一体になっている。場所が場所だけに家屋の周辺の土地は広く見えるが、家は質素な普通の木造住宅だ。静まり返っていて、人の気配が全くしない。表札を探したが、見つからない。

そろそろ引きあげようとした時、たまたま1台の赤色の小型車が、その家の庭に入って行くのが見えた。2人の中年の女性が車から降りて来た。無駄とは思ったが、この近くにあるに違いない父の生家のことを彼女たちに訊ねた。

「すみません、すみだと言います。父はじゅうきちと言います。父の生家はこの近くにあると思うのですが、ご存じないですか」

そのうちの一人から、

「この家がそうですよ」

全く予期しない言葉が直ぐに返ってきた。

境内と隣接するこの家を敷地の外から観た時、何故かぼくの中で父の生家とはどうしても結びつかなかった。

35年前、ぼくは両親と一緒にこの付近を、タクシーで慌ただしく移動している。今漸く解ったのだが、昔親子3人で生家を出て隣接する境内を通り越して、まず先祖の墓所に行っていた。父は気になっていた畑の隅っこに放置されている石柱2本（写真4）を見るために、突然タクシーを止めさせて降り、大股で畑の畦道をサッサと横切った。そして、下林を離れる前、最後に生家と一体の境内に逆戻りしている。それで本家と境内と墓所の位置関係は、ぼくは始めから全く解っていなかった。

この家が父の生家ということを知らなかったぼくは、この家の外観を特に見ていなかった。この本家の内部や外部の写真も一枚も撮っていなかった。

改めて畑の中に放置されていた2本の小さな石柱の写真（写真4）を見て

いて、墓所で一番多い石柱1本の墓石として、先祖の誰かが墓石用に準備した石柱に違いないと思った。しかし、事情があって、一族の墓所の墓石として使用されなかった。横倒しの石柱の下に手を入れていた父は、その事情を知っていたようだ。

礼子さんはぼくたちに、突然、

「この家の角田姓は父の代で途絶えましたよ」

と淡々と語った。不意を突かれ、少し動揺した。

「ああ、そうですか」

ぼくは曖昧な返事をしてしまった。

何にでも始めと終わりがある。だから、400年続いた下林の籠屋の角田一族の本家も、たまたま最近途絶えたのだと受け止めるしかない。本家だった家のどこにも、「角田」という表札が無かったのも納得できた。

彼女は、以前ぼくが両親と一緒にこの家に来た時のことを憶えていて、

「その時、この家には祖父清太郎の末の子角田信が家族と住んでいたんですよ。信は私の父で、私は娘の礼子です。私は結婚して角田とは違う姓になり、今この家に住んでいるんですよ。兄がいますが、この家を出て岡山市内の銀行に勤めているんです」

と語った。偶然会った礼子さんは、ぼくより15歳年上のぼくが以前この家で会った、従兄信さんの子供だったのだ。

本家のことを話す時、礼子さんは無意識に「籠屋の角田は……」を繰り返す。彼女は籠屋の角田の本家が途絶えたことを、かなり気にしているように見える。

「一族の墓所で以前見た父の両親の大きな墓が見当たらなかったんですけど……」

と尋ねると、

「父が買っていた近くの平地の田んぼの中に墓地を造り、最近、そこに移したんですよ。父の墓もそこにあります。ここから2キロ近く離れています。

もう歳なので、水を持って丘の上の墓所の石段を上がるのが大変なんです」
と彼女は話した。

信さんたちは本家に近い田んぼの中に、角田一族の新たな墓所を造って、旧墓所にある墓の一部を移していたのだ。

角田の血を引くが、結婚して角田とは違う姓になった彼女が家族と一緒に、最近まで角田一族の本家だった家に住んでいる。そして、角田一族の墓守のような仕事をしている。

信さんは生前、今後本家をどうするかについて家族で何回も相談したに違いない。何百年も続いている下林の角田一族の本家だけに、自分の代で終わらせたくないと思っただろう。しかし、角田姓の男の子が下林の本家を継ぐ意思が無いことが解った時、信さんは近いうちに途絶える角田本家一族の将来のことを考えて、丘の上の手狭な墓所以外に、田んぼの一部を角田一族の新たな墓所にする決断をしたようだ。

# 新墓所に桐の家紋の石板

礼子さんはぼくたちを新しい墓所に車で連れて行ってくれた。

山間の古い墓所は鬱蒼とした雑木林に囲まれ、新旧大小様々な墓石で込み合っていた（写真3）。それに比べて、砂利を敷いた平地の新墓所は周りが平たんな田んぼなので明るく、移された比較的新しい大きめの10基ぐらいの墓石が余裕をもって配置されている。旧墓所から新墓所への墓の移動の途中のようである。

新墓所の後ろは盛り土で、やや高くなっている。そこには10本ぐらいの木がかたまって植えてある。将来の鎮守の森のようで、新墓所の造成に取りかかったばかりだ。後で、公章のスマフォに写っていた低い木の根元をルーペで観ていて気づいたが、高さが数十センチのオモチャの鳥居と社が並んで写っている。本物の鳥居と社の建設は子孫に託したのだろうか。

全国を旅行した時、朽ち果てた境内は時々見かけたが、造り始めたばかりの境内を見るのは、ぼくは初めてだ。

古い墓所の墓を新しい墓所に移す時、先祖の霊も一緒に移って来る、それを鎮めるためには、小さくても神道のシンボルである鳥居と社と鎮守の森が新たに必要である、と本家の最後の当主である信さんは考えたようだ。時代が変わっても、何かの時に境内を造る日本の伝統文化は滅びずに伝承されている。

新墓所の「角田家之墓」と書かれた大きな墓標の直ぐ前に台座が有り、その上に〇で囲んだ桐の家紋を彫った厚みのある新しい石板が据えてある。一辺50センチ位の正方形だ。両側には花を供えるために、大きな壺型の陶器の容器が置いてある。

写真10　豊臣秀吉から許された桐の家紋（写真中央）（撮影　角田千代子2023年）

家紋の由来が茂さんたちの調査である程度はっきりした後、一族と秀吉との関係を子孫に伝えるために、新墓所に新しい墓標を新設し、その前にこの桐の家紋の石板を据えた。

不二雄さんの手記に、秀吉に許された角田家の家紋は、○で囲んだ五・七の桐ではないかと書いてあった。芳子さんは秀吉に許された家紋は五・三の桐というが、これは天皇家の家紋だからそれはあり得ない、と不二雄さんの手記に書いてあった。

家紋の写真（**写真10**）は、公章と一緒にここで家紋を見てから8年後の2023年（令和5年）に、妻角田千代子が撮った写真である。家紋の後ろには、旧墓所から古い墓石数基が移されている。8年前の新墓所には、古い墓石は1基も無かった。

後世、下林の角田の子孫がこの場所を訪れた時、桐の家紋の石板を見ても、比較的新しい墓石だけだと、先祖と秀吉との繋がりがイメージし難い。桐の家紋の石板の近くに、江戸時代の古い墓石も移した方が良い、と角田信さんは考えたようだ。

古い墓石の移動は、時間をかけて少しずつ行われている。

もう先祖の墓所や先祖が造った社を守るのを生き甲斐にして、21世紀20年代の今でも人も車も殆ど通らない不便な孤立した山間の一族の本家に、一生住み続ける時代ではない。

先祖が城主を裏切ったことを気にする時代ではない。戦国時代は、下剋上が珍しくない時代だった。考え方は、戦後縦型から横型に変化し、多様化し続けている。

備中足守の地侍だった先祖の秀吉への蛇籠の供出は、戦国時代に吉備の下林近くで起こった歴史上の出来事である。本家の後を継げる資格がある角田姓の男の子は、そう考えて本家を継ぐのを放棄し、岡山市内に移り住んだのだろう。

礼子さんの車で元本家の庭に引き返す途中、左側の田んぼにやや大きな2階建ての日本家屋が見えた。彼女は指差しながら、

「侍従だった角田素文さんが最近亡くなって、あの家で葬式があったんですよ。宮内庁から大勢の人が来られて、この辺では話題になったんです」

と話した。

茂さんが創った「角田一族略系図」を後で見直すと、「京大法、自治省・元侍従」と書いてある。素文さんの曽祖父は、角田本家一族の一人で、角田十吉と兄弟である。

公章と2人で古い境内にいたのは、十数分である。道路脇に止めてきたレンタカーに歩いて引き返そうとした時、偶然、礼子さんが運転する赤い車がぼくたちの前を通って、最近まで本家だった家の玄関の前に止まった。礼子さんの車が来るのが、ぼくたちが境内にいた時間帯より少しでも遅かったら、彼女に会うことはなかった。彼女は体調が悪くて、2日程家を空けていて家には誰も居なかったという。

すれ違っていたら、父の生家は判らずじまいだった。下林で数百年続いた角田一族の本家が最近途絶えたことも、新墓所を造って旧墓所の父の両親の墓などを移していることも、ぼくたちは知り得なかった。礼子さんに会えたのは偶然だが、ぼくたちにとっては奇跡である。

父は福岡市南区に自宅を新築した時、神棚を造っている。父の霊魂は最近本家が途絶えたのを知っていて、礼子さんをぼくたちに引き合せてくれたのだ。ぼくは不思議な心地よい気持ちに浸っていた。

父は80代になると、毎日神棚の榊の水を換え、柏手を打っていた。水は大分県の宇佐神宮から運んでもらっていた。

父は建造物の構造力学が専門で、戦時中長崎県の大村にあった海軍の航空廠に、時々出張していた。戦争末期には、ここの飛行場は特攻基地としても使われている。敗戦後、父宛の封書は日本を占領していたGHQ（連合軍最高司令官総司令部）の検閲のため開封され、その後セロテープで封がしてあった。

3時前岡山駅構内のパン屋で遅めの昼食をとり、岡山名物の祭り寿司を買って、東京行きの新幹線に乗り込んだ。公章は

「じいちゃんが子供の頃、こんな所に住んでいたとは思いもしなかった」

と言った。ルーツに触れることができた公章は満足したようだ。

つくば市の自宅に帰った翌日、ぼくは下林訪問を手記風にしたため、それを福岡市にいる妹のケイ子に送った。2、3日後電話があり、

「あの文章を夜読んで寝たら、お父さんが夢に出て来たけど、ニコニコ笑っていたわよ。こんなの初めて」

と楽しそうに言った。

# 本家一族のパラダイムシフト

400年続いた備中下林の角田一族本家は、旧姓角田礼子さんによると、8年前の2015年に途絶えている。

従兄の茂さんと不二雄さんから先祖と秀吉との関係に関する詳細を知らされ、そして礼子さんからは本家が途絶えたいきさつや新墓所を造ったことを教えてもらった。角田本家一族に起こった大きなパラダイムシフトを、ぼくは偶然が重なってより詳細に知ることが出来た。

一族の旧墓所と新墓所がその後どのようになっているかを確認するために、2023年（令和5年）5月中旬、妻の角田千代子と一緒に、下林を訪れた。

写真11　令和５年の境内。２本の石柱の文字がある所に綱が張ってある（撮影　角田千代子2023年）

**写真11**は、その時撮った境内の写真である。新緑の量と深さが、写真9に比べて増している。

境内には、作業用の小型車が数台入り込んでいる。境内の中で何か工事を行なっているようだ。左側端の工事用の車の所には、8年前の写真（写真9）では煉瓦の塀があり、その内側には花が植えられていた。

角田一族の本家に隣接する象徴的存在だった境内は、本家が最近途絶えて責任持って管理する主体が居なくなった。境内は将来的には管理されなくなり、朽ちて行くのだろうか。

写真11の左側の大きな石柱に刻まれている漢字は、「獣」の旧漢字と思っていたが、写真をよく見ると、画数は旧漢字よりかなり多い。吉備津神社の入口の石段の石灯篭（写真8）にある獻と同じ漢字に見える。江戸時代の早い時期に、使われていた漢字のようだ。この漢字は仇討隊を防ぐための魔除け的意味があった、と推定出来ないこともない。

写真11の2本の石柱の文字の少し上側には、細い綱が張ってある。これは吉備津神社へ上る石段の下の両側にある2本の石柱（写真8）の漢字の上側に張られている綱の様子とそっくりである。この綱は、以前ぼくと角田公章が撮った同じ場所の写真（写真4と写真9）には無かった。

礼子さんたちは最近、吉備津神社の石柱にある綱を見て、それを参考に、自宅の隣の境内の石柱にも綱を張ったに違いない。

礼子さんにその後8年間で周辺がどう変わっているかを尋ねようと思い、

境内に隣接する元本家の玄関の呼出しチャイムを押した。旧姓角田礼子さんが住んでいるはずだ。しかし、前にここに来た時と同様に、今回も返事が無い。

この場所にあった本家は、父が住んでいた明治の終わり頃、一軒家だった。しかし、その後本家一族の最後の当主角田信さんの代になって、本家の裏側に2〜3軒住宅を建てたようだ。

裏の左側の家のチャイムを押した。その家には礼子さんの次男が住んでいた。

彼は時間を割いて、工事中の両墓所を案内し状況を説明してくれた。

礼子さんが8年前に、「歳なので、水を持って丘の上の墓所への石段を上がるのが大変なんです」と言っていた石段は、今はもう取り除いて無い。代わりに、旧墓所の墓石を新墓所に移すための道を、新たに造った（**写真12**）と言う。旧墓所に行くには、この道を登るしかない。

写真12　墓石を旧墓所（上側）から新墓所に移すために造った新しい坂道（撮影　角田公章2015年）

この日は吉備線足守駅からタクシーに乗り、2時間以上かけて下林と周辺をゆっくり案内してもらった。以前来た時に比べて、新しい住宅が増えているように感じた。

それでつくば市の自宅に帰って直ぐ、ウェブで総社市下林の２０２３年の所帯数と人口を調べた。41所帯、１２７人だった。数十年前に、芳子さんが歩き回って、下林にある54軒の家を調べている。所帯数と住宅数は直接比較できないが、この数十年で住宅数も人口も少し減少しているようだ。

元々人があまり住んでおらず、住民の9割以上が角田姓の下林でも、２０２３年現在、過疎化が進んでいる。

# おわりに

戦争末期、敗戦濃厚な日本は「1億総玉砕」「1億総特攻」「1億戦友」のようなスローガンを挙げて、老若男女問わず全国民の戦争への参加を呼び掛けていた。非協力者は、「非国民」と呼ばれた。

敗戦の年、農業を営んでいた本家の末っ子の角田信さんは22歳だった。召集令状の「赤紙」が来てあるいは志願して、兵役についたに違いない。

敗戦の年、従兄の角田不二雄さんは若手の陸軍将校で、陸軍歩兵学校の教官だった。

不二雄さんの弟の角田茂さんは敗戦の年20歳だった。将兵歴は聞きそびれたが、予科練にでも志願したのだろうか。

不二雄さんの9歳年下の弟の角田正美さんは江田島の海軍兵学校に進学し、海軍将校を目指していた。

ぼくの父は軍人ではなかったが、熊本高等工業学校の建築学科科長で、構造力学を教えていた。戦時中時々、海軍航空隊がある長崎県の大村飛行場に出張していた。

国民学校2年生だったぼくは、戦火の中を逃げ回っていた。

ぼくの記憶は、戦争が始まった1941年の翌年、まだ福井市に居た時まで遡れる。ぼくは5歳だった。

戦争が始まって半年も経たない1942年（昭和17年）4月、分岐点になったミッドウェイ海戦の負け戦の2か月前で、その頃日本は優勢に戦争を進めている、とみんなが思っていた。

しかし、太平洋上の米軍空母から発進したB25爆撃機十数機が初めて東京を空襲した。横浜、名古屋、神戸などにも爆弾が投下されている。米軍機は必至だったと思うが、被害はそれほどでもなかった。

Ｂ25は本土爆撃後、日本の中央部を横断して、中国本土に不時着した。その時、福井市上空も通過したようだ。

開戦初期で、空襲警報と言われても、何をしたらよいのか誰も解らない。それまで日本は空襲を受けたことがなかった。どこの家も防空壕などまだ造っていない。空襲警報のサイレンを聞いた母は、家の中で押入れの中が一番安全な場所と思い、子供３人に菓子の入った缶を持たせ、とりあえず押入れに入れた。

敗戦前年の１９４４年、熊本市立出水国民学校の１年生だったぼくは、通常の授業を受けていた。しかし、２年生になると、状況は一変する。

１９４５年連合軍の本土上陸に備えて臨戦態勢下にあった九州では、本土決戦の最前線になることを想定して、連日少年兵早期育成のための訓練を開始する。学校の近くの健軍には陸軍の飛行場があり、三好校長は陸軍将校だった。

出水国民学校の正門を入った所が運動場で、横断した所に御真影が納められた「奉安殿」があった。学級ごとに校庭に整列し隊列を組む。級長の号令で、隊列は奉安殿の前まで分列行進をする。その際、軍歌『歩兵の本領』の「万朶(ばんだ)の桜か襟の色　花は吉野に嵐吹く　大和男子(おのこ)に生まれなば　散兵線の花と散れ」などを歌っている。10曲近い軍歌の歌詞を、今でも殆ど覚えている。

「連隊止れ」の級長の号令で、奉安殿の前で行進は止まる。「回れ右」で、列は奉安殿に向き合う。そして、「奉安殿に対し奉り最敬礼」の号令の後、みんなで最敬礼をする。ぼくは命令で級長だった。

5月中旬、発令されていた警戒警報が解除されたので、班をつくって安全のために通常の通学路の電車通りではなく、田んぼの畦道を通って、白山町(はくさんちょう)にある自宅方向に向かっていた。突如、米軍艦載機グラマン一機が機銃を撃ちながら急降下して来た。ぼくは戦闘機の翼が2階建ての農家の屋根か近くの高い木の天辺に接触した音かと思った。一面田んぼなので、戦闘機は思い切り低空飛行していた。みんな麦畑に逃げ込み、死傷者は出なかった。無防備な一機による機銃掃射で、編隊の波状攻撃ではない。日本はとっくに制空権を失っていた。田んぼの中の子供の集団を見つけたパイロットは、健軍陸軍飛行場などを攻撃後空母に帰艦する前に、機銃の照準を外して悪戯をした、とぼくは今でも思っている。

1945年の戦争末期の初夏、何時空襲を受けても直ぐ避難できるように、夜寝る時普段着を身に着けて、枕元に「防空頭巾」を置き、長靴を履いた足の部分だけを蚊帳の外に出して寝ていた。夜は空襲警報のサイレンを聞いて直ぐ逃げ出せるように、雨戸は開けっ放しである。都市の大小を問わずB29戦略爆撃機による焼夷弾を使った夜間空襲が常態化していた戦争末期、未だ空襲を受けていない地方の都市の人々はこのようにして寝ていた。ぼくの家でも家族はみんなそうしていた。

45年7月1日夜から未明にかけて、熊本市はB29の空襲を受ける。熊本市白山町82に住んでいたぼくたち家族は、庭に穴を掘って造った「防空壕」に速やかに避難することが出来た。移民先のアメリカから開戦直前に引揚げて来て、庭が接している野尻さんの家から火の手が上がるのを見て、防空壕を飛び出し近くの田んぼに逃げ込んだ。空襲が終わって明け方帰って見ると、木造2階建の自宅と防空壕は完全に焼け落ちていた。家の前の未舗装の道路には多数の「焼夷弾」が列をなして突き刺さっていて、ガソリンのような臭いがする。焼夷弾は長さ50センチ位で、断面は6角形の角柱である。焼夷弾には青色の長いリボンのようなものがついていたと思う。

その月の5日頃、父を残して母の故郷の福井市に疎開する。母親と妹2人が一緒だ。焼け出された直後で着替えなど無く、着の身着のままだった。薄汚れた衣服を着ていたに違いない。母親が一緒でなかったら、幼い3人兄妹は戦災孤児だ。途中、真夜中の「燈火管制」下の大阪駅のプラットホームで、何時来るか判らない福井方面に行く列車を待っていた。軍服を纏った兵隊を満載した長い軍用列車が車内灯を点灯したまま、米軍の本土上陸予定第一候補地の鹿児島方向に大阪駅を通過して行った。ホームの屋根は空襲で焼け落ちていたと思う。燈火管制下で、ホームから見渡せる市街地は一望真っ暗だ。多分大本営陸海軍による「空襲警報発令」下で、北東方向の遥か遠方の暗い地平線から市街地上空に向けて発せられる「探照灯」の白い光線が3〜4本、敵機を探して夜空を走査していた。

熊本市の空襲で焼け出されたぼくたちは1945年7月10日前後に、母の実家がある福井市に疎開した。福井駅から南に2キロほど離れた郊外に、裕福な実家が家を準備してくれていた。近くに足羽川がある。大人は母と母の妹2人で計3人、子供はそれぞれ3人で合計9人である。ぼくを合む国民学校2年生の子供3人が最年長だ。国民学校が閉じていて、日本は末期的症状を呈していた。家の北側に隣接する雑草が生え放題の広い原っぱの中央に大きな防空壕も既に造ってあった。その原っぱは、南北は１００メートル近くあったと思う。

７月19日の夜、今度は疎開先の福井市でまた空襲に遭う。全員防空壕に避難する。周辺に焼夷弾が着弾し始めた頃、市の中心部から郊外に逃げて行く人たち数人が、ぼくたち12人が待避している防空壕に飛び込んで来た。ぼく達子供が大声で騒いでいたのだろう。そのうちの女性の一人から、「敵機に聞こえるから静かにしてください」と言われた。

疎開した家の前の小さな川と道路を挟んだ向かい側には、小さな軍服の縫製工場があった。その工場に焼夷弾が多数命中して全焼し、死傷者が出た。空襲が終わったその朝、川沿いの道路をムシロで巻いた死体数体を乗せた「大八車」が通っていた。

ぼくたちが住んでいた家と防空壕は、今度は焼夷弾が外れ火災を免れた。防空壕の数十メートル北に小さな牧場があった。軍馬がつないである厩舎に焼夷弾が着弾し、何頭かが焼け死んだ。それを大人が解体し、近くの人たちに分けた。12人でも一度には食べきれないほどの多量の馬肉を貰った。真夏なので、肉は傷みやすい。冷蔵庫などは勿論ない。食べ残った肉は、竹で編んだ大きなざるに入れて、風通しの良い縁側の軒先に吊るしてあった。何時間吊るしていたかは覚えていないが、気付いた時には、肉の表面は蛆虫で真っ白になっていた。その蛆虫を洗い落として火を通し、ぼくたちはその肉を食べている。

空襲の後、その牧場と原っぱの境界あたりで、夕方になると、空襲の犠牲になった人の遺体を焼け跡の廃材を使って火葬していたようだ。ぼく達の家がたまたま風下だったので、その間例えようのない嫌な臭いを数日間嗅がざるを得なかった。それから暫くして、近くの寺の境内には火葬した人骨を載せた焼けたトタン板が2〜3枚置いてあるのを、通りすがりに見た。

敗戦はそれから4週間後である。

日本の無条件降伏の最大の条件は、「民主主義化」だった。

戦後、民主主義に基づく考え方が次第に社会に浸透して行く。先祖代々のしがらみは希薄になり、自分の生き方を自分で決めるのが当たり前の社会になる。４００年続いた下林の籠屋の角田本家一族が２０１３年に途絶えたのは、必然の成り行きである。大正生まれの最後の本家当主である角田信さんは、この現実をどう受け止めたのだろうか。

## 著者紹介

**角田　方衛**（すみだ　まさえ）

1937年福井市生まれ、九州大学大学院修士、1960年科学技術庁金属材料技術研究所（35年）、東京大学工博、1972年アメリカ MIT 客員研究員（1年）、1998年科学技術国際交流センター（4年）、2002年シンガポール NUS 客員教授（3年）、2005年一般財団 新技術振興渡辺記念会（10年）、つくば市在住。

著書に『金属系バイオマテリアルの基礎と応用』（監修・共著＝アイピーシー）、『バイオマテリアル―材料と生体の相互作用―』（監修・共著＝内田老鶴圃）（平成28年（2016年）度東京大学理系推薦図書）、『21世紀初頭のシンガポール―その街角から―』（文藝春秋企画出版部）など。

備中三須村下林の籠屋

２０２３年11月30日　発行

著　者　角田方衛

発　行　吉備人出版
〒七〇〇―〇八二三　岡山市北区丸の内二丁目一一―二二
電　話　〇八六―二三五―三四五六
ファクス　〇八六―二三四―三二一〇
ウェブサイト　http://www.kibito.co.jp
Ｅメール　books@kibito.co.jp

印　刷　株式会社三門印刷所

製　本　株式会社岡山みどり製本



ISBN978-4-86069-722-8　C0095